D1927557

CHINESISCHES HOROSKOP

BÜFFEL

KWOK MAN-HO

arsEdition

Ein Dorling-Kindersley-Buch

Senior Editor Sharon Lucas
Art Editor Camilla Fox
Managing Editor Krystyna Mayer
Managing Art Editor Derek Coombes
DTP Designer Doug Miller
Production Controller Antony Heller

Illustrationen: Danuta Mayer 4, 8, 11, 17, 27, 29, 31, 33, 35; Giuliano Fornari 21; Jane Thomson; Sarah Ponder.

Fotografien: Steve Gorton, Eric Crichton, Jo Foord, Dave King, David Murray, Stephen Oliver, Tim Ridley, Clive Streeter, Matthew Ward. Unser Dank gilt: The British Museum, Chinese Post Office, Percival David Foundation of Chinese Art, The Powell-Cotton-Museum.

Bildnachweise: Bridgeman Art Library/Oriental Museum, Durham University 12; mit freundlicher Genehmigung von The Board of Trustees of the Victoria & Albert Museum 15.

© der Originalausgabe: 1994 Dorling Kindersley Limited, London
Text: © 1994 ICOREC
© dieser Ausgabe: 1996 arsEdition GmbH, München
Alle Rechte vorbehalten
Ins Deutsche übertragen von Blanca Dahms
Printed and bound in Hong Kong

ISBN 3-7607-1159-6

INHALT

Die chinesische Astrologie

Seit Jahrtausenden bedienen sich die Chinesen der Astrologie und der Religion, um zwischen Mensch und Natur ein harmonisches Verhältnis herzustellen.

Der Ursprung der zwölf Tierkreiszeichen der chinesischen Astrologie – Ratte, Büffel, Tiger, Hase, Drache, Schlange, Pferd, Ziege, Affe, Hahn, Hund und Schwein – wird wohl für immer ein Rätsel bleiben. Dennoch haben diese Symbole eine tiefe Bedeutung. Sie stehen nicht nur für allgemeine Tendenzen eines Jahres und gute oder schlechte Zeiten, sondern gelten auch als Spiegelbilder des Universums.

Symbol von Yin und Yang
Weiß steht für die weibliche Kraft des Yin und Schwarz für die männliche des Yang.

Yin und Yang

All unsere Charakterzüge und Stimmungen, unser Gesundheitszustand und unser Schicksal sind Ausdruck übergeordneter Prozesse im Universum. Die Chinesen glauben, daß alle Lebewesen und Dinge im Universum durch die dynamischen kosmischen Kräfte von Yin und Yang im Gleichgewicht gehalten werden. Yin steht für das weibliche Prinzip, für Wasser, Kühle, Mond und Regen. Yang ist das maskuline Prinzip, das Feste, die Wärme, Sonne und Erde. Nach altem Glauben entstanden aus den konzentrierten Kräften von Yin und Yang die vier Jahreszeiten und aus ihrer Aufspaltung die Vielzahl von Geschöpfen auf Erden.

So werden auch die zwölf chinesischen Tierkreiszeichen entweder mit Yin oder mit Yang verbunden. Im Winter steigt der Einfluß von Yin, während sich mit dem herannahenden Frühling wieder die Kräfte des Yang durchsetzen. Auch der Lauf eines Tages wird vom ständigen Wechsel und vom

Zusammenspiel der beiden Pole beherrscht. Aber natürlich sind auch wir ihrem Einfluß unterworfen.

In jedem Menschen wirkt ein individuelles Kräfteverhältnis von Yin und Yang, das unsere Stimmungen, Pläne und Gesundheit bestimmt. Darüber hinaus reagieren wir auf äußere Einflüsse wie Wetter, Umgebung und Mitmenschen.

Die fünf Elemente

Alles, was wir berühren, sehen oder schmecken können, gehört zu einem der fünf Grundelemente – Holz, Feuer, Erde, Gold und Wasser.

Das Element Erde zum Beispiel wird dem Büffel, dem Drachen, der Ziege und dem Hund zugeordnet. Es repräsentiert die Farbe Gelb, süße Speisen und das Gefühl der Sehnsucht. Das Wirken der verschiedenen Elemente beeinflußt unser Schicksal.

Entdecken Sie Ihr Selbst

Die chinesische Astrologie kann Ihnen helfen, ein gesundes Gleichgewicht zwischen Ihrem Yin und Yang herzustellen. Sie zeigt Ihnen, welches Element Ihnen entspricht und welche Farbe, Geschmacksrichtung und welches Temperament und Körperteil Ihrem Zeichen zugeordnet sind. Aufgrund Ihrer Geburtsdaten – Jahr, Tag, Stunde – können Sie in Ihre Zukunft schauen.

Sie können herausfinden, welchen Leuten Sie sympathisch sind und welcher Beruf zu Ihrer Persönlichkeit paßt. Sie können Ihre Gefühlsschwankungen begreifen, ebenso Ihre Reaktionen auf neue Menschen und Umgebungen. Kurz gesagt: Sie erkennen, was Sie einzigartig macht.

Wahrsagestäbchen

Sehr beliebt ist in China auch die alte Wahrsagetechnik mit Stäbchen. Deren Deutung kann man in einem Orakelbuch nachlesen.

Ihr Horoskop

Im Gegensatz zum Kalender der westlichen Welt, der sich am Lauf der Sonne orientiert, richtet sich der chinesische Kalender nach dem Lauf des Mondes.

Zur Berechnung Ihres chinesischen Horoskops überprüfen Sie mit der Tabelle auf Seite 44 und 45 zunächst Ihr Geburtsjahr – vor allem, wenn Ihr Geburtstag in die ersten Monate des Jahres fällt. Das chinesische Jahr beginnt in der Regel erst im Januar oder Februar, und womöglich gehören Sie deshalb zum Vorjahr. Nicht jeder, der 1961 geboren ist, steht auch unter dem Einfluß des Büffels. Vielmehr gehören alle, die vor dem 15. Februar Geburtstag haben, zum Vorjahr, zum Jahr der Ratte.

Der Kreislauf von 60 Jahren

Die Chinesen messen die Zeit in Zyklen von 60 Jahren. Innerhalb dieser Spanne erscheinen fünfmal die zwölf chinesischen Tierkreiszeichen, allerdings jedesmal in leicht abgewandelter Form. Sind Sie beispielsweise im Jahr 1949 geboren, gelten Sie als Büffel im Stall; und die im Jahr 1961 Geborenen bezeichnet man als Büffel auf dem Weg.

Monat, Tag und Stunde

Die zwölf Monate des chinesischen Kalenders lassen sich nicht mit den zwölf Monaten des westlichen Kalenders gleichsetzen, denn sie richten sich nach dem Lauf des Mondes und nicht nach dem der Sonne. In China hat ein Monat gewöhnlich 29 bis 30 Tage, und alle drei Jahre wird ein zusätzlicher Monat hinzugefügt, um mit der westlichen Kalenderrechnung Schritt zu halten. Eine chinesische Stunde entspricht zwei westlichen, und die zwölf chinesischen Stunden werden den zwölf Tierkreiszeichen zugeordnet.

Jahr, Monat und Stunde Ihrer Geburt sind die entscheidenden Faktoren in der chinesischen Astrologie. Sobald Sie sie berechnet haben, können Sie sich Ihr persönliches Horoskop erstellen.

Wasser			
Erde		Gold	
Holz		Yin	
Feuer		Yang	

Der chinesische Tierkreis

Um die Mitte, das Symbol von Yin und Yang, sind die chinesischen Schriftzeichen für die zwölf Tiere angeordnet. Der Farbstreifen symbolisiert deren Element, und der Außenring zeigt, ob sie Yin oder Yang angehören.

MYTHEN UND LEGENDEN

EINER LEGENDE ZUFOLGE WOLLTE DER JADEKAISER, DER HERRSCHER DES HIMMELS, DIE ZWÖLF INTERESSANTESTEN TIERE DER ERDE SEHEN. DER BÜFFEL ERHIELT DEN ZWEITEN RANG.

Der Büffel genießt hohes Ansehen, denn er pflügt den Acker und hilft bei der Ernte. Weil sie kein Tier töten wollen, dem man Dank schuldet, essen viele Chinesen kein Rindfleisch. Der Büffel gilt als Symbol des Frühlings, der Zeit des Pflügens, und ist mit dem Element Wasser verbunden. Früher warf man Büffelfiguren aus Bronze oder Stein in die Flüsse, um zu verhindern, daß sie über die Ufer traten.

Der Bauer und der Büffel

Bauer Chin besaß ein winziges Stück Land, dessen harte Erde seit Jahren keinen Ertrag mehr gebracht hatte. Er kaufte einen Büffel. Angesichts der Armut der Familie Chin beschloß das gutmütige Tier, nach Kräften zu helfen. Von Sonnenaufgang bis Sonnenuntergang brach der Büffel mit seiner Kraft die Krume, und sein Dung nährte die jungen Pflänzchen. Fünfzehn Jahre später war der Bauer reich, doch der alte Büffel mußte in seinem Verschlag bleiben, schlechtes Futter fressen und Frondienste leisten. Als sich das Tier ein Bein brach, ordnete Chin an, es zu schlachten. Da erschien ein alter Mann, der zu ihm sprach: »Dieser Büffel hat dir Wohlstand beschert. Willst du ihm jetzt keine Ruhe gönnen?« Doch Chin hörte nicht auf ihn. Als man dem Büffel die

Duftflacon aus Glas
Dieses gläserne Riechfläschchen aus dem 18. Jahrhundert zeigt den Ritt eines alten Mannes auf einem Büffel.

Kehle durchschnitt, spürte auch der Bauer einen stechenden Schmerz im Hals und sank tot zu Boden. Der Büffel und der Alte waren auf der Stelle verschwunden.

Die Seele des Bauern aber wurde vor ein Gericht geschleift, wo der alte Mann den Vorsitz führte. Er war der Herr der ersten Hölle, König Ch'in-kuang. Neben ihm stand der alte Büffel, jetzt ein Beisitzer des höllischen Gerichtshofs.

Der Büffel führte Bauer Chin vor einen Spiegel. »Darin siehst du alle Geschöpfe, denen du das Leben geraubt hast«, sagte der König mit Donnerstimme. Im Spiegel erschienen sämtliche Tiere und Vögel, die der Bauer jemals verspeist oder getötet hatte, darunter auch der alte Büffel. Der König ordnete an, Chin zur Strafe für seine Hartherzigkeit in eine schreckliche Grube zu werfen.

Noch heute geht in China der Glaube um, daß man nach dem Tod als erstes dem büffelköpfigen Gott der ersten Hölle begegne.

Grabfigur mit Büffelkopf

Das Alter dieser Grabfigur aus vergoldeter Bronze ist unbekannt. Vielleicht ist sie sogar neueren Datums.

PERSÖNLICHKEIT

DER BÜFFEL IST EHRLICH, SANFTMÜTIG UND BESONNEN. ER HANDELT NIE AUS EINER LAUNE HERAUS UND WÄGT JEDE ENTSCHEIDUNG SORGFÄLTIG AB. KLATSCH UND BANALITÄTEN LASSEN IHN KALT.

Sobald Sie eine Situation im Griff haben, verfolgen Sie unbeirrt Ihr Ziel, bis Sie es erreicht haben. Allerdings brauchen Sie zum Aufbau Ihrer Kräftereserven viel Zeit. Dafür bleiben Sie trotz Ihrer anfänglichen Langsamkeit noch am Ball, wenn andere längst entmutigt oder erschöpft aufgegeben haben.

Handlungsweise

Sie haben ein unbeirrbares Vertrauen in Ihr Urteilsvermögen. Solange Ihr Interesse nicht geweckt ist, lassen Sie sich auch mit der größten Überredungskunst zu keiner Reaktion bewegen. Sie sind zuverlässig, stehen zu Ihrem Wort und nehmen kein Blatt vor den Mund. Da Ihre Willensstärke schon an Sturheit grenzt, sind Sie gelegentlich taub für guten Rat. Auch können Sie sehr unduldsam oder gar verletzend auftreten, wenn jemand nicht ebensolche Ausdauer hat wie Sie.

Schale mit Medaillon
Diese gelbgrundige Medaillonschale aus der Ch'ing-Dynastie zeigt einen Büffel in einer Winterlandschaft.

Seelenleben

Ihre innere Stabilität und Beständigkeit wirken auf Ihre Mitmenschen ansteckend. Wer Sie aber provoziert oder Ihre Geduld auf die Probe stellt, bekommt Ihren unerbittlichen Zorn zu spüren. Dann läßt man Sie am besten allein, da Sie sich so am schnellsten wieder beruhigen.

Irgendwelchen Modeerscheinungen können Sie als Freigeist nichts abgewinnen. Dazu fühlen Sie sich mit den bewährten, traditionellen Werten

Cloisonné-Büffel
Dieses aus der Ch'ing-Dynastie (1644–1911 n. Chr.) stammende Gefäß in Cloisonné-Goldemail auf Kupfergrund symbolisiert in seiner aufrechten Form die Charakterfestigkeit und Robustheit des Büffels.

viel zu wohl und sicher. Ihnen mißfällt jede Veränderung, insbesondere eine erzwungene. Dennoch kommen Sie mit den meisten neuen Situationen gut zurecht. Und zweifeln Sie doch einmal an sich selbst oder dem eingeschlagenen Weg, dann behalten Sie es lieber für sich.

Sie sind ein zuverlässiger und vertrauenswürdiger Freund, der anderen immer aus der Patsche hilft.

Was Ihre Gefühle angeht, so gelten Sie als treu und fürsorglich, auch wenn Leidenschaft und Romantik bei Ihnen weniger ausgeprägt sind.

Der Büffel als Kind

Der junge Büffel ist pragmatisch und gewissenhaft, in der Schule vielleicht sogar zu ehrgeizig. Vielfach muß er zu Entspannung, Spiel und Spaß erst angehalten werden.

BÜFFEL

LIEBE

BESTÄNDIGKEIT, ZUVERLÄSSIGKEIT UND AUFRICHTIGKEIT SIND DEM BÜFFEL WEITAUS WICHTIGER ALS STÜRMISCHE GEFÜHLE, BRENNENDE LEIDENSCHAFT ODER SENTIMENTALITÄT UND ROMANTIK.

Sobald Sie Ihren Partner gefunden haben, bleiben Sie ihm in Liebe ergeben. Eine feste Bindung gehen Sie erst ein, wenn Sie sich absolut sicher sind, doch dann halten Sie auch daran fest. Allerdings darf Ihr Partner nicht den Fehler begehen, Sie auszunutzen – Betrug verzeihen Sie nämlich nie.

Vielleicht vergessen Sie manchmal den Hochzeitstag, doch sind Sie immer für Ihren Partner da, wenn er Hilfe braucht. Trotz Ihrer gelegentlichen Dickköpfigkeit geben Sie sich Mühe, den anderen nicht zu verletzen.

Ideal passen Sie zu Hahn oder Schlange. Der gesellige Hahn ergänzt Ihr gesetztes Auftreten, und Sie sind ebenso vernünftig und verläßlich wie er. Die Schlange fühlt sich in Ihrer Gegenwart wohl und läßt Sie gern ihr Heim einrichten. Außerdem fühlen Sie sich zur Intelligenz und Aufrichtigkeit der Ratte hingezogen, und diese genießt Ihre Ernsthaftigkeit. Der schelmische Affe ist für Sie eine hervorragende Partie – er weiß Ihre Ehrlichkeit zu schätzen, neckt Sie aber freundlich, wenn Sie allzu

Die Göttin der Liebe
Kuan Yin, einst in der chinesischen Mythologie eine männliche buddhistische Gottheit, ist heute als Sun-tsu oder Göttin der Gnade bekannt, die Kindersegen schenkt.

Das Rad der Harmonie

Suchen Sie die Tierkreiszeichen, die vor dem gleichen farblichen Hintergrund abgebildet sind wie Ihres. Der Büffel liegt in einem gelben Feld, paßt also am besten zu Schlange und Hahn. Das Symbol in der Mitte steht für das Glück der Zweisamkeit.

ernst werden. Ihre Beständigkeit gefällt auch dem Hasen mit seiner Sehnsucht nach Sicherheit und Harmonie. Das Schwein begrüßt Ihr Bedürfnis nach Ruhe und Frieden, doch können Sie es mit Ihrem Humor leicht vor den Kopf stoßen.

Ungünstiger sieht Ihr Liebeshoroskop bei Beziehungen zu Ziege, Pferd, Drache und Hund aus. Für Ihren Geschmack denkt und handelt die Ziege zu rasch, das Pferd ist Ihnen zu lebhaft und leidenschaftlich, und Drachen und Hund empfinden Sie als eigenwillig und realitätsfremd.

Auch der Tiger ist wohl kein geeigneter Partner für Sie – seine Unberechenbarkeit irritiert Sie, während Ihre Gewissenhaftigkeit seine rastlose Seele befremdet. Die Beziehung mit einem anderen Büffel dürfte sich aufgrund der beiderseitigen Dickköpfigkeit schwierig gestalten.

Orchidee

Lan Hua, die Orchidee, ist in China die Blume der Liebe und Schönheit. Als Fruchtbarkeitssymbol bedeutet sie reichen Kindersegen.

BERUF

DER BÜFFEL ARBEITET GRÜNDLICH UND EFFEKTIV. AUF STÖRUNGEN UND EINMISCHUNGEN REAGIERT ER GEREIZT, DOCH SCHEUT ER KEINE VERANTWORTUNG.

GETREIDE

Landwirtschaft

Jede Art landwirtschaftlicher Tätigkeit verschafft dem hart arbeitenden Büffel Befriedigung.

MILCH UND EIER

CHINESISCHE SCHMINK-SCHATULLE

Büffelschatulle

Die Chinesen betrachten den Büffel als Lasttier. Auf dieser Schminkschatulle aus dem 17. oder frühen 18. Jahrhundert trägt er einen alten Mann, vermutlich Laotse, den legendären Begründer des Taoismus.

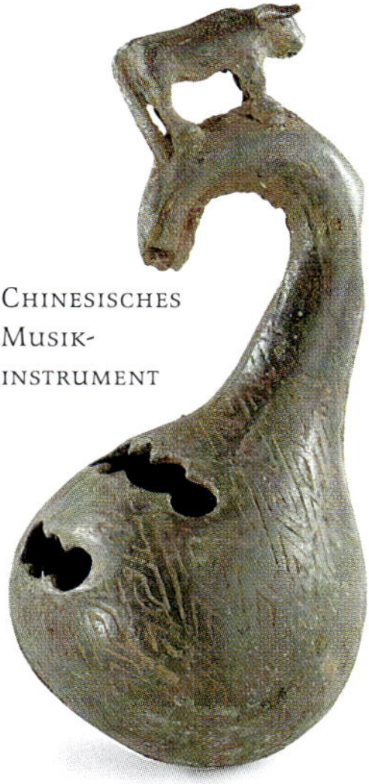

Chinesisches Musikinstrument

Hausverwaltung

Ein Hausverwalter braucht neben einem Gespür für Details auch Verantwortungsbewußtsein Der Büffel besitzt beides. Seine Zuverlässigkeit, Beständigkeit und seine Eigenschaft, vor Entscheidungen gründlich zu überlegen, machen sich in diesem Beruf bezahlt.

Verwalterschlüssel

Lehrer

Büffel eignen sich hervorragend als Lehrer, denn sie schätzen einen straff organisierten Arbeitstag. Sicher gab auch ein Lehrer Unterricht auf diesem bronzenen Musikinstrument aus dem 1. Jahrhundert v.Chr.

Topfhandschuh

Koch

Da der Büffel den Pflug zieht und bei der Ernte hilft, eignet er sich für alle Berufe, die mit Kochen zu tun haben.

Militär

Entscheidet sich der Büffel für den Dienst in der Armee, ist er als zielstrebiger Mensch mit Sicherheit erfolgreich.

Kampfstiefel

BÜFFEL

GESUNDHEIT

YIN UND YANG SIND IM KÖRPER STÄNDIG IM FLUSS. DIE GESUNDHEIT DES MENSCHEN BERUHT AUF DEM HARMONISCHEN GLEICHGEWICHT ZWISCHEN DEN BEIDEN KRÄFTEN.

Der menschliche Körper wird von zwei Kräften beherrscht, die in uns fließen und die ein natürliches Mindest- und Höchstmaß nicht überschreiten dürfen: der Blutkreislauf, eine Yin-Kraft, und der Fluß der Körperenergie, das Ch'i, das dem Yang zugeordnet ist. Die geringste Verschiebung im Gleichgewicht von Yin und Yang im Körper kann unsere Gesundheit beeinträchtigen. Yang-Krankheiten lassen sich heilen, indem man Yin zuführt, und Krankheiten des Yin werden durch eine Yang-Therapie behandelt.

Lingchih-Pilz
Auf dieser Schale aus der Ch'ing-Dynastie ist der »unsterbliche« Lingchih-Pilz abgebildet, ein Symbol für langes Leben.

In jedem Menschen herrscht ein anderes Verhältnis von Yin und Yang. Meist hat ein temperamentvoller Mensch starke Yang-Kräfte, während ein friedlicher Mensch eher von Yin-Energien beseelt ist.

Bevor ein chinesisches Heilmittel verschrieben wird, muß die Stimmung des Patienten berücksichtigt werden. Denn auch Gefühle wie Freude, Zorn, Trauer, Fröhlichkeit, Sorge, Nachdenklichkeit und Angst sollten ausgewogen bleiben. Ist dies erreicht, spricht man von einer Harmonie der sieben Empfindungen.

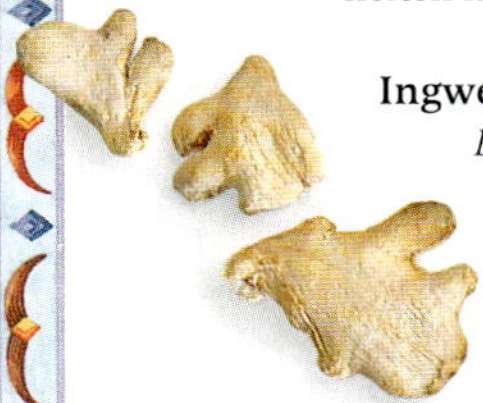

Ingwerknollen
Die chinesische Heilkunde nutzt die wärmenden Yang-Eigenschaften des Ingwers.

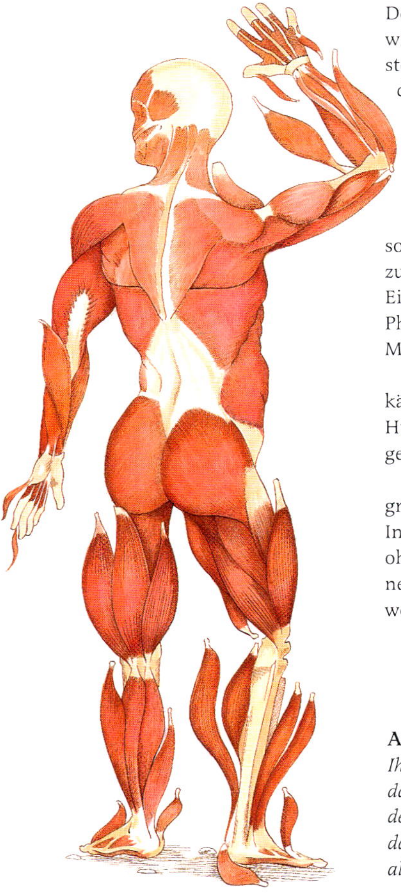

Dem im Jahr des Büffels Geborenen wird das Element Erde zugeordnet. Es steht mit der Milz, der Bauchspeicheldrüse, dem Magen, den Muskeln und dem Mund in Verbindung. Diese Körperpartien haben entscheidenden Einfluß auf Ihre Gesundheit.

Außerdem werden dem Büffel das Gefühl der Sehnsucht, süße Speisen sowie der Ingwer (Zingiber officinale) zugeordnet. Dessen wärmende Yang-Eigenschaften kurieren Brechreiz und Phlegma und wirken stimulierend auf Magen und Darm.

Ingwer ist ein Heilmittel gegen Erkältungen und sämtliche Formen des Hustens. Eingelegter Ingwer wird gegen Reisekrankheit verschrieben.

Die chinesische Medizin verlangt großes Können, deshalb sollten Sie Ingwer oder andere Heilpflanzen nicht ohne den Rat eines fachkundigen chinesischen oder westlichen Arztes anwenden.

Astrologie und Anatomie

Ihrem Element, der Erde, wird das Verdauungssystem zugeordnet. Während der Magen ein Yang-Organ ist, gilt die dahinterliegende Bauchspeicheldrüse als Yin-Organ.

BÜFFEL

HOBBYS

DER GELASSENE, DOCH ENTSCHLOSSENE BÜFFEL VERFÜGT ÜBER GROSSE ENERGIERESERVEN. SOBALD ER SICH FÜR EINE NEUE AKTIVITÄT ENTSCHIEDEN HAT, WIDMET ER SICH IHR BEGEISTERT.

Boxen und Ringen

Der Büffel ist zwar ausgesprochen kräftig und energisch, doch nicht sonderlich aggressiv. Boxen und Ringen sind ideale Sportarten, denn hierbei kann er seine Kraft geschickt einsetzen und sich kontrolliert verausgaben.

BOXHANDSCHUHE

RUGBY-BALL AUS KAMELLEDER

Traditionssportarten

Für den Büffel, den Modeerscheinungen kalt lassen, besitzen Golfspiel, Tennis oder andere Traditionssportarten einen besonderen Reiz. Beim Rugby kann der Büffel seine Kraft und Ausdauer in der freien Natur einsetzen.

RUGBY-STIEFEL

Tafelfreuden

Eine hervorstechende Eigenschaft des Büffels ist seine Gastfreundschaft. In trauter Runde, in der Gesellschaft alter Freunde fühlt er sich am wohlsten. Er liebt die fürstliche Bewirtung in den eigenen vier Wänden und scheut für seine Gäste keine Mühe.

WEINGLÄSER UND ROTE ROSE

Büffelvase

Diese Büffelvase in Türkis und Aubergine stammt aus der Ch'ing-Dynastie (1644–1911 n. Chr.)

PORZELLAN-BÜFFEL

SKI

SKIHOSE UND SKIHANDSCHUHE

Skisport

Das Skifahren als stark körperbetonter Sport belebt den Büffel, der sich gern im Freien aufhält und seinen kraftvollen Körper stählt.

BÜFFEL
SYMBOLE

JEDEM TIERKREISZEICHEN WIRD EINE BESTIMMTE SPEISE, HIMMELSRICHTUNG, FARBE, EMOTION, ASSOZIATION UND EIN EIGENES SYMBOL ZUGEORDNET.

CHINESISCHER BÜFFEL

Farbe

In China hat fruchtbare Erde eine gelbliche Färbung. Gelb ist die Farbe, die vom Kaiser als Erstem Sohn der Erde getragen wurde. Es ist auch die Farbe des Büffels. Diese in gelblichem Gold glasierte Büffelfigur stammt aus der Ch'ing-Dynastie.

Speise

Die chinesische Astrologie kennt fünf Geschmacksrichtungen - salzig, scharf, bitter, süß und sauer. Zum Büffel gehören süße Speisen wie diese Cashewnüsse.

CASHEWNÜSSE

CHINESISCHER KOMPASS

STADTPLAN VON ROM

Himmelsrichtung

Anders als der westliche Kompaß, der nach Norden weist, zeigt der chinesische nach Süden. Als zusätzliche Himmelsrichtung gibt es die Mitte, die dem Büffel zugeordnet ist.

Assoziation

Mit dem Büffel werden Hauptstädte und Großstadtleben assoziiert.

Symbol

Symbol des Büffels ist das Senkblei, mit dem sich die Wassertiefe ausloten läßt.

SENKBLEI

Emotion

Zum Büffel gehört das Gefühl der Sehnsucht.

DIESES BABY HAT EINEN WUNSCH.

Der Büffel im Meer

1925 und 1985

Nach der chinesischen Legende lag der Büffel beim Wasserrennen um den ersten Platz im Kalender schon in Führung, als ihm die Ratte den Sieg raubte.

Im Wasser fühlt sich ein Büffel in seinem Element. Deshalb ist der Büffel im Meer besonders stark und zäh. Wahrscheinlich führen Sie in Ihrer angestammten Umgebung ein glückliches und zufriedenes Leben.

Kindheit

In Ihrer Kindheit haben sich vermutlich viele Menschen um Sie gekümmert. Durch deren Liebe und Vertrauen erfuhren Sie einen ausgesprochen positiven Start ins Leben.

Persönlichkeit

Der Büffel im Meer wird mit dem Keimling verglichen, der aus dem Samen dem Licht entgegensprießt. Ebenso ist es zeitlebens Ihr Bestreben, Ihr volles Potential zu entfalten. Ihnen ist der Frühling zugeordnet, die Zeit von Wachstum und neuem Leben.

Daher sind Sie mit viel Energie gesegnet. Sie lernen schnell und lassen sich bereitwillig auf neue Erfahrungen ein, auch wenn dies dem von Natur aus eher zurückhaltenden Büffel widerstrebt.

Weibliche Merkmale

Weibliche Büffel im Meer sind hochtalentiert und ausnahmslos selbstsicher. Doch sollten Sie sich gelegentlich zügeln und Geduld aufbringen für andere, die nicht dieselbe Sicherheit besitzen wie Sie.

Partnerschaft

Der Büffel im Meer wirkt äußerst anziehend auf andere und erlebt meist eine glückliche und erfolgreiche Beziehung. Doch treibt Sie die Reiselust. Sie genießen den Reiz neuer Orte, Gesichter und Herausforderungen.

Büffel im Meer

Familie

Sie können eine fruchtbare Beziehung zu Ihrem Partner und Ihren Kindern aufbauen, die Ihnen persönlich großen Gewinn bringt. Dies ist um so wichtiger, als die Beziehung zu Ihren Eltern mit den Jahren unbefriedigende Formen annehmen könnte. Wenn Sie älter sind und mehr Selbstvertrauen gewonnen haben, werden Sie wohl alle Bande abschütteln und Ihre eigenen Wege gehen. Vielleicht zeigt Ihre Familie dafür wenig Verständnis, doch wenn Sie Ihre Bereitschaft signalisieren, die Kluft zu überwinden und die Hand zur Versöhnung ausstrecken, müßten sich die Spannungen eigentlich lösen lassen.

Der Büffel im See

1937 und 1997

Unerschütterlich stehen die kräftigen chinesischen Wasserbüffel in den Reisfeldern. Als ähnlich standhaft und selbstsicher in jeder Umgebung erweist sich der Büffel im See.

Als Symbol für den Büffel im See gilt der Nagel, der alles zusammenhält. Zeit Ihres Lebens bleiben Sie belastbar und stabil – auch im stärksten Trubel bewahren Sie unerschütterlich die Ruhe.

Persönlichkeit

Sie treten sicher, ruhig und freundlich auf. Da Sie auf andere sehr verläßlich wirken, vertrauen sich Ihnen viele Menschen an.

Büffel im See gelten als tüchtig und geschickt – insbesondere die Frauen tun sich durch ihre Begabungen und zahlreichen Talente hervor.

Karriere

Ihnen winkt eine erfolgversprechende Karriere, denn auch in schwierigen Zeiten können andere Sie beim Wort nehmen und sich auf Sie verlassen.

Solange Sie Ihrer Natur treu bleiben, bringt Ihre Zuverlässigkeit Ihnen Glück und finanzielle Sicherheit.

Erwarten Sie jedoch keine Reichtümer über Nacht, womöglich auf Kosten anderer. Ihr Vermögen wächst in dem Maße, wie es Ihre Umwelt lernt, Ihnen Vertrauen zu schenken, und ist schließlich der Lohn für jahrelange mühevolle, ehrliche Arbeit.

Familie

Wenn Sie bei der Partnerwahl Umsicht walten lassen, können Sie eine gute Beziehung aufbauen. Ihre Zuverlässigkeit versetzt Sie in die Lage, einem flatterhaften oder schwachen Partner Halt zu geben und den Rücken zu stärken.

Hüten Sie sich jedoch vor so skrupellosen Charakteren wie der Ratte, die Ihre Gutmütigkeit ausnutzen, sich

Büffel im See

auf Ihre Kraft stützen und Sie für ihre Zwecke ausbeuten wollen – lassen Sie sich nicht das Fell über die Ohren ziehen.

Weil Sie nichts überstürzen, bekommen Sie erst in späteren Jahren Kinder. Das ist auch ratsam, denn die Fähigkeit, Ihre Kinder so zu lieben, zu versorgen und zu unterstützen, wie sie es verdienen, entwickelt sich erst mit der Zeit.

Aussichten

Da Ihre Stärken noch in Ihnen schlummern, dürfen Sie von Ihrer Jugend nicht allzu viel erwarten. Freuen Sie sich auf die Lebensmitte, wenn Ihre Saat Früchte trägt und Ihre langjährige Vertrauenswürdigkeit belohnt wird.

Immer öfter ist Ihr Rat gefragt, sicherlich nicht zum Nachteil Ihrer eigenen Karriere und Ihres Vermögens. Wenn Sie sich selbst treu bleiben und darauf achten, daß Sie nicht ausgenutzt werden, erwartet Sie ein Lebensabend in Frieden und Ansehen.

Der Büffel im Stall

1949 und 2009

Der Büffel im Stall neigt zur Ungeduld. Er sehnt sich nach Freiheit und fühlt sich von jeder Beschränkung und Vorschrift eingeengt.

Wie Ihre Symbole, Schuß- und Kettfaden beim Weben, verdeutlichen, sind Sie dazu bestimmt, Teil eines größeren Ganzen zu sein. Doch etwas in Ihnen sehnt sich immer nach dem Ausbruch.

Persönlichkeit

Oft bringen Sie Ihre Meinung ungeduldig und unverblümt zum Ausdruck. Das muß jedoch nicht immer richtig sein. Sie sollten darauf achten, daß Sie mit der blanken Wahrheit niemanden unnötig verletzen.

Wenn Sie Ihre Einsichten weise einzusetzen verstehen, kann Ihre Offenheit bewundernswert sein, doch plump als bloßes Mittel zum Zweck wirkt sie nur schädlich und schmerzhaft.

Obwohl Sie als Büffel im Stall nur zu gern das Tor aufstoßen und in die Freiheit hinausstürmen möchten, sollten Sie bedenken, daß ein wesentlicher Teil von Ihnen auch zu einem größeren Ganzen gehört.

Da die meisten Büffel stark und verläßlich wirken, werden Sie immer in die Pflicht genommen. Das mag unangenehm sein, denn Sie schwimmen lieber gegen den Strom.

Zügeln Sie Ihren rebellischen Drang davonzulaufen und zu tun, wonach Ihnen gerade ist. Meist sind es ohnehin die Finanzen, die Ihnen Einhalt gebieten. Stemmen Sie sich nicht dagegen, sondern betrachten Sie diese Einschränkung als hilfreichen Zwang.

Weibliche Merkmale

Weiblichen Büffeln im Stall schreibt man wegen des Yin-Einflusses Klugheit und vielseitiges Engagement zu.

Sie hassen alle Einschränkungen und Hindernisse und kämpfen gern

Büffel im Stall

für die Gleichberechtigung. Doch sollten Sie sich vor Streitsucht hüten und unterscheiden lernen, welche Hemmnisse sich wirklich zu beseitigen lohnen.

Partnerschaft

Menschen dieser Jahrgänge wirken sowohl körperlich als auch geistig überaus anziehend. Folglich stehen Sie als Büffel im Stall im Mittelpunkt großer Aufmerksamkeit. Gemeinsam mit Ihrem Wunsch, aus allen Beschränkungen auszubrechen, könnte das dazu führen, daß Sie mehrere Partnerschaften eingehen.

Manchmal kommen Ihnen Ihre Beziehungen vielleicht vor wie der Stall, der Sie einsperrt. Bevor Sie ausbrechen, sollten Sie sich jedoch überlegen, ob Sie nicht vielleicht doch in dieser Beziehung verwoben bleiben wollen. Versuchen Sie nichts zu überhasten, auch wenn das eher Ihrer Natur entspricht.

In späteren Jahren werden Sie größere Zufriedenheit finden. Der Erfolg kommt in beruflicher und persönlicher Hinsicht erst nach der Lebensmitte voll zur Blüte.

Der Büffel auf dem Weg

1901 und 1961

Ihr Weg durchs Leben erscheint Ihnen manchmal ungewiss, doch mit der Ausdauer und Kraft des Büffels begegnen Sie allen Herausforderungen, die sich Ihnen stellen.

Mit Ihrem freundlichen Wesen werden Sie als ausgesprochen angenehmer, umgänglicher Gesellschafter hoch geschätzt. Bereitwillig setzen Sie sich für andere ein und pflegen innige Freundschaften. Doch umgibt Sie eine Spur von Traurigkeit, die ungünstigenfalls in Bitterkeit umschlagen kann.

Jugend

Möglicherweise ist Ihnen in Ihrer Jugend etwas Schreckliches zugestoßen - sei es ein Unfall, eine Enttäuschung, eine unerfreuliche Erfahrung oder ein ärgerlicher Fehlschlag auf einem wichtigen Gebiet. Was immer es auch war, Sie laufen Gefahr, aus der Bahn geworfen zu werden.

Sie müssen lernen, mit Ihrer Vergangenheit zu leben. Verfallen Sie nicht in Zynismus und Verbitterung, denn das könnte Ihren von Natur aus guten Charakter verderben. Sobald Sie diese negativen Gefühle erkannt und unter Kontrolle gebracht haben, finden Sie Ihr Leben bestimmt einfacher und können es besser genießen.

Weibliche Merkmale

Weibliche Büffel auf dem Weg sollten nicht verzweifeln, denn sie haben gute Chancen, ein glückliches, behagliches Leben zu führen. Wenn Sie lernen, frühere Enttäuschungen positiv auszuwerten, können Sie Ihr Potential voll ausschöpfen.

Karriere

Das berufliche Leben des Büffels auf dem Weg verläuft meist unproblematisch. Wahrscheinlich steht Ihr Wissen hoch im Kurs. Leider muß das nicht heißen, daß Sie sonderlich reich werden.

Büffel auf dem Weg

Wie alle Büffel müssen Sie sich Reichtümer über lange Zeit hart erarbeiten. Überstürzen Sie nichts; erwarten Sie nicht zuviel. Sie werden mit dem Herbst assoziiert und finden erst in späteren Jahren Wohlstand und Frieden.

Familie

Die Büffel dieser Jahrgänge erfreuen sich meist glücklicher Beziehungen und eines erfüllten Familienlebens. Möglicherweise müssen Sie aber auch harte Zeiten durchstehen.

Probleme lassen sich vermeiden, wenn Sie sich bei Entscheidungen Zeit nehmen und nicht allzuviel Unterstützung durch Ihre Familie erwarten. Verlassen Sie sich lieber auf Ihre beträchtliche innere Kraft und auf Ihre vielen guten Freunde.

Aussichten

Wenn Sie geduldig bleiben, sich auf Ihre Stärken konzentrieren und die Zeit für sich arbeiten lassen, müßten Sie im Alter auf ein glückliches, erfülltes Leben zurückblicken können. Bewahren Sie die Ruhe – mit der Zeit werden sich als Frucht Ihrer Entschlußkraft auch Reichtum und Sicherheit einstellen.

Der Büffel vor dem Tor

1913 und 1973

Der Büffel vor dem Tor ist ein ausgesprochen starkes Tierzeichen. In ihm vereinen sich die angeborene Kraft des Büffels mit dem Talent, stets das Richtige zu tun.

Dem Büffel vor dem Tor ist der Winter zugeordnet, das Symbol hohen Alters und des Todes. Man verbindet mit ihm jedoch auch glückliche Tage. Wenn Sie Gutes tun, winkt Ihnen ein frohes Schicksal und sogar die toten Wintertage werden belebt.

Ihr Zeichen ist die Grasmatte, auf der den Toten Geschenke dargereicht werden. Diese Symbolik ist höchst vorteilhaft, denn Totengaben bringen den Lebenden großen Nutzen.

Persönlichkeit

Sie wollen immer alles richtig machen und werden dafür meist mit großem Respekt und Erfolg im Leben belohnt. Doch verlieren Sie nicht den Mut, wenn Ihr Leben nicht gleich Ihren Wünschen entspricht und sich der Dank erst mit der Zeit einstellt. Sie brauchen nur etwas Geduld.

Weibliche Merkmale

Weibliche Büffel vor dem Tor neigen zur Gedankenlosigkeit. Sie finden eine beiläufige Bemerkung bequemer als Höflichkeit und werden schnippisch, wenn Beherrschung angebracht wäre.

Ihre Intelligenz und Spontanität sollten Sie mit Höflichkeit und Respekt paaren und stets die Bereitschaft zeigen, sich für Ihre Unvernunft zu entschuldigen.

Karriere

Fassen Sie sich in Geduld, denn in Ihrer Jugend und zu Beginn Ihrer Karriere lassen finanzieller Gewinn und Beförderung noch auf sich warten.

Da Ihre Familie vermutlich nicht mit Reichtümern gesegnet ist, kann sie Ihnen keine Unterstützung zukommen lassen. Doch dürfte sich Ihre Ausdauer bezahlt machen. Auch mit korrektem

Büffel vor dem Tor

Verhalten können Sie sich den Respekt von Vorgesetzten und Kollegen verschaffen, was Ihrer Karriere sicher zuträglich ist.

Familie

Die meisten Büffel vor dem Tor gehen erst spät im Leben eine feste Bindung oder Ehe ein. Mit dem richtigen Partner wird es eine gute Beziehung, die auch meist ein Leben lang hält. Doch sollten Sie sich mit der Familienplanung Zeit lassen.

In jüngeren Jahren stellen Kinder oft eine Belastung dar. Dem unweigerlich auftretenden finanziellen Druck, der durch Nachwuchs entsteht, sind Sie besser gewachsen, wenn Sie schon die Karriereleiter erklommen haben.

Ihr chinesischer Geburtsmonat

Sehen Sie in der Tabelle Ihres Geburtsjahres nach, in welchen Monat Ihr Geburtstag fällt. Wenn Sie zum Beispiel am 30. August 1949 geboren wurden, ist es der 7. chinesische Monat.

1 Durch Ihren Fleiß erzielen Sie manchen Erfolg, doch wirken Sie gelegentlich linkisch und distanziert.

2 Sie haben eine fröhliche, zufriedene Natur, sind bei der Einschätzung anderer Menschen aber manchmal zu naiv.

3 Als zielstrebiger Einzelkämpfer können Sie schlecht Kritik vertragen. Dennoch sollten Sie sich ihr stellen.

4 Für Ihren Ehrgeiz bringen Sie viele Opfer. Bemühen Sie sich, Ihre mitleidige Seite mehr zu entwickeln.

5 Sie sind ein harter Kämpfer, der ungern verliert. Aber Sie haben ein gutes Herz und lieben Geselligkeit.

6 Auch wenn Sie nach außen hin zuversichtlich wirken, neigen Sie dazu, sich zu viele Sorgen zu machen.

7 Vor Ihrer Eigenschaft, für Ihren Erfolg zu jedem Mittel zu greifen, sollten Sie sich vorsehen.

8 Sie sind ein lebhafter, liebenswerter und attraktiver Mensch. Ihre Charakterstärke bringt Ihnen Erfolg.

9 Als mitfühlende, warmherzige und geistreiche Person genießen Sie Anerkennung und Vertrauen. Doch sollten Sie vor skrupellosen Menschen auf der Hut sein.

10 Zwar sind Sie umgänglich und erfolgreich, doch müssen Sie in der Jugend eventuell private Niederlagen einstecken.

11 Sie lieben die Herausforderung und sind eine geborene Führernatur. Ihr ausgeprägter Gerechtigkeitssinn läßt Sie gelegentlich streitsüchtig wirken.

12 Mit Ihrem Humor und Ihrer Entschlußkraft sind Sie ein guter Freund. Vielleicht setzen Sie sich zu hohe Ziele.

*Einige Jahre enthalten Doppelmonate:

1925: 4. Monat	1949: 7. Monat
23. April – 21. Mai	26. Juli – 23. Aug.
22. Mai – 20. Juni	24. August – 21. Sept.

1901	
19. Feb - 19. März	1
20. März - 18. April	2
19. April - 17. Mai	3
18. Mai - 15. Juni	4
16. Juni - 15. Juli	5
16. Juli - 13. Aug.	6
14. Aug. - 12. Sept.	7
13. Sept. - 11. Okt.	8
12. Okt. - 10. Nov.	9
11. Nov. - 10. Dez.	10
11. Dez. - 9. Jan. 1902	11
10. Jan. - 7. Feb.	12

1913	
6. Feb. - 7. März	1
8. März - 6. April	2
7. April - 5. Mai	3
6. Mai - 4. Juni	4
5. Juni - 3. Juli	5
4. Juli - 1. Aug.	6
2. Aug. - 31. Aug.	7
1. Sept. - 29. Sept.	8
30. Sept. - 28. Okt.	9
29. Okt. - 27. Nov.	10
28. Nov. - 26. Dez.	11
27. Dez. - 25. Jan. 1914	12

1925	
24. Jan. - 22. Feb.	1
23. Feb. - 23. März	2
24. März - 22. April	3
*Siehe Kasten »Doppelmonate«	4
21. Juni - 20. Juli	5
21. Juli - 18. Aug.	6
19. Aug. - 17. Sept.	7
18. Sept. - 17. Okt.	8
18. Okt. - 15. Nov.	9
16. Nov. - 15. Dez.	10
16. Dez. - 13. Jan. 1926	11
14. Jan. - 12. Feb.	12

1937	
11. Feb. - 12. März	1
13. März - 10. April	2
11. April - 9. Mai	3
10. Mai - 8. Juni	4
9. Juni - 7. Juli	5
8. Juli - 5. Aug.	6
6. Aug. - 4. Sept.	7
5. Sept. - 3. Okt.	8
4. Okt. - 2. Nov.	9
3. Nov. - 2. Dez.	10
3. Dez. - 1. Jan. 1938	11
2. Jan. - 30. Jan.	12

1949	
29. Jan. - 27. Feb.	1
28. Feb. - 28. März	2
29. März - 27. April	3
28. April - 27. Mai	4
28. Mai - 25. Juni	5
26. Juni - 25. Juli	6
*Siehe Kasten »Doppelmonate«	7
22. Sept. - 21. Okt.	8
22. Okt. - 19. Nov.	9
20. Nov. - 19. Dez.	10
20. Dez. - 17. Jan. 1950	11
18. Jan. - 16. Feb.	12

1961	
15. Feb. - 16. März	1
17. März - 14. April	2
15. April - 14. Mai	3
15. Mai - 12. Juni	4
13. Juni - 12. Juli	5
13. Juli - 10. Aug.	6
11. Aug. - 9. Sept.	7
10. Sept. - 9. Okt.	8
10. Okt. - 7. Nov.	9
8. Nov. - 7. Dez.	10
8. Dez. - 5. Jan. 1962	11
6. Jan. - 4. Feb.	12

1973	
3. Feb. - 4. März	1
5. März - 2. April	2
3. April - 2. Mai	3
3. Mai - 31. Mai	4
1. Juni - 29. Juni	5
30. Juni - 29. Juli	6
30. Juli - 27. Aug.	7
28. Aug. - 25. Sept.	8
26. Sept. - 25. Okt.	9
26. Okt. - 24. Nov.	10
25. Nov. - 23. Dez.	11
24. Dez. - 22. Jan. 1974	12

1985	
20. Feb. - 20. März	1
21. März - 19. April	2
20. April - 19. Mai	3
20. Mai - 17. Juni	4
18. Juni - 17. Juli	5
18. Juli - 15. Aug.	6
16. Aug. - 14. Sept.	7
15. Sept. - 13. Okt.	8
14. Okt. - 11. Nov.	9
12. Nov. - 11. Dez.	10
12. Dez. - 9. Jan. 1986	11
10. Jan. - 8. Feb.	12

1997	
7. Feb. - 8. März	1
9. März - 6. April	2
7. April - 6. Mai	3
7. Mai - 4. Juni	4
5. Juni - 4. Juli	5
5. Juli - 2. Aug.	6
3. Aug. - 1. Sept.	7
2. Sept. - 1. Okt.	8
2. Okt. - 30. Okt.	9
31. Okt. - 29. Nov.	10
30. Nov. - 29. Dez.	11
30. Dez. - 27. Jan. 1998	12

Ihr chinesischer Geburtstag

Zunächst stellen Sie mit Hilfe der Tabelle auf Seite 37 den Beginn Ihres chinesischen Geburtsmonats fest, dann errechnen Sie anhand der hier abgebildeten Tabelle Ihren Geburtstag.

Wenn Sie am 5. Mai 1949 geboren wurden, fällt Ihr Geburtstag in den chinesischen Monat, der am 28. April beginnt. Suchen Sie unten in der Tabelle die 28. Zählen Sie von hier die Tage bis zu Ihrem Geburtstag. Bedenken Sie, daß nicht alle Monate 31 Tage haben. In unserem Beispiel sind Sie am 8. Tag des chinesischen Monats geboren. Sind Sie in einem Doppelmonat geboren, zählen Sie einfach die Tage vom ersten Tag Ihres Geburtsmonats.

1	2	3	4	5	6	7
8	9	10	11	12	13	14
15	16	17	18	19	20	21
22	23	24	25	26	27	28
29	30	31				

1., 10., 19. oder 28. Tag
Sie sind zuverlässig und verlangen viel von sich und anderen, neigen aber zu übertriebener Eile. Lassen Sie Vorsicht walten, und denken Sie nicht nur an sich. Vielleicht kommen Sie unverhofft zu Geld, trotzdem sollten Sie gut haushalten. Beruflich stehen Sie gern in der Öffentlichkeit.

2., 11., 20. oder 29. Tag
Sie sind aufrichtig und allgemein beliebt. Obwohl Sie Ruhe lieben, brauchen Sie den Umgang mit Menschen. Sie können das Leben genießen und machen das Beste daraus. Ihnen steht eine literarische oder künstlerische Karriere offen.

3., 12., 21. oder 30. Tag
Sie besitzen eine rasche Auffassungsgabe, gelten aber als schwierig, was manche Leute abschreckt. Sie sind sehr diszipliniert, kämpfen für die Wahrheit und können sich in allen Berufen mit Wettbewerbscharakter profilieren.

4., 13., 22. oder 31. Tag

Sie sind sehr warmherzig, wirken aber oft reserviert und unnahbar. Wenn Sie mehr aus sich herausgehen und kontaktfreudiger werden, können Sie bald neue Freunde gewinnen. Ihre ruhige, geduldige Art prädestiniert Sie für eine Karriere als Akademiker oder Wissenschaftler.

5., 14. oder 23. Tag

Ihre hitzköpfige Art und Ihre Sturheit hindern Sie oft daran, auf die Vorschläge oder Meinungen anderer einzugehen. Das führt nicht selten zu Streitereien und Problemen. In Geldangelegenheiten haben Sie eine glückliche Hand, nicht selten investieren Sie Ihre Gewinne in neue Projekte. Mit Ihrer angeborenen Intelligenz sind Sie auch hohen beruflichen Anforderungen gewachsen.

6., 15. oder 24. Tag

Sie haben ein offenes, heiteres Wesen und sind seelisch gefestigt. Ihr reiches Gefühlsleben fördert die Neigung zu Tagträumen. Das schafft gelegentlich Verwirrung, und Ihre Hilfsbereitschaft wird leicht durch Unentschlossenheit gelähmt. Obwohl Ihnen großer Reichtum versagt bleibt, haben Sie immer genug zum Leben.

7., 16. oder 25. Tag

Gegen ein wenig Aufregung haben Sie nichts einzuwenden, aber Sie müssen lernen, realistischer und disziplinierter zu sein. Auch als geborener Entertainer, dem kaum etwas verübelt wird, sollten Sie sich hüten, Ihre Freunde vor den Kopf zu stoßen. Im Beruf ist Ihnen Reisen wichtiger als die Höhe des Gehalts oder ein hoher Lebensstandard.

8., 17. oder 26. Tag

Sie besitzen ein gutes Urteilsvermögen, sollten aber nicht überstürzt handeln. Gelegentlich mangelt es Ihnen an Taktgefühl und Einfühlungsvermögen: Bemühen Sie sich, mehr auf andere einzugehen. Sie lernen Armut, aber auch Reichtum kennen. Ihr Unabhängigkeitsstreben, Ihre Ruhe und Entschlossenheit qualifizieren Sie für einen freien Beruf.

9., 18. oder 27. Tag

Sie sind mit Glück, Optimismus und Warmherzigkeit gesegnet. In Ihrem Tatendrang lassen Sie sich nicht von trivialen Problemen bremsen. Gelegentlich suchen Sie unnötig Streit. Bemühen Sie sich also, Ihre Launen zu mäßigen. Am besten machen Sie sich als Chef Ihrer eigenen Firma selbständig.

Ihre chinesische Geburtsstunde

Eine chinesische Stunde entspricht zwei Stunden westlicher Zeit. Jeder Doppelstunde wird eines der zwölf Tierkreiszeichen zugeordnet.

23.00–1.00 Uhr: Ratte
Sie sind unabhängig und haben ein hitziges Temperament. Überlegen Sie sorgfältig, was Sie sagen. Ihre Sparsamkeit ist im Geschäftsleben ebenso nützlich wie im Haushalt. Sie helfen gern Ihren Freunden, und diese werden es Ihnen danken.

1.00–3.00 Uhr: Büffel
Bis zum Alter von 20 Jahren könnte Ihr Leben schwierig verlaufen, aber nach dieser harten Anfangsphase haben Sie mehr Glück. Im Berufsleben sollten Sie bereit sein, Wagnisse einzugehen, wenn Sie Ihr Ziel erreichen wollen. Im Alter ist Ihnen Wohlstand beschieden.

3.00–5.00 Uhr: Tiger
Sie sind lebhaft und kreativ, was in jungen Jahren zu Familienstreitigkeiten führen kann. Zwischen dem zwanzigsten und vierzigsten Lebensjahr können Probleme auftreten. Doch danach wird sich das Glück wieder zu Ihrem Vorteil wenden.

5.00–7.00 Uhr: Hase
Ihre Eltern stehen zu Ihnen, aber mit den Geschwistern kann es zu Rivalitäten kommen. Vielleicht müssen Sie, um beruflich voranzukommen, in eine andere Stadt ziehen, fern von Freunden und Familie. Feste Beziehungen entwickeln sich langsam. Ab der Lebensmitte kommen Sie mit Ihren Mitmenschen viel besser aus.

7.00–9.00 Uhr: Drache
Sie sind aufgeweckt, entschlußfreudig und ziehen andere Menschen an. Obwohl Sie mitten im Leben stehen, fühlen Sie sich manchmal einsam. Ihr übersteigertes Selbstbewußtsein könnte sich ungünstig auf Ihre Beziehungen auswirken. Sie erreichen einen hohen Lebensstandard.

9.00–11.00 Uhr: Schlange

Mit Ihrem Talent fürs Geschäftsleben fällt es Ihnen leicht, Karriere zu machen und Ihre Familie zu ernähren. Sie sind überaus großzügig und helfen bereitwillig Ihren in Not geratenen Freunden. Achten Sie darauf, daß Unstimmigkeiten innerhalb der Familie immer schnell bereinigt werden.

11.00–13.00 Uhr: Pferd

Sie sind aktiv, klug und hartnäckig. Schlagen Sie gute Ratschläge nicht in den Wind. Sie reisen gern und lieben Abwechslung. Ein allzu extravagantes Leben könnte Sie jedoch in finanzielle Schwierigkeiten bringen.

13.00–15.00 Uhr: Ziege

Aufgrund Ihrer großen Aktivität fällt es Ihnen schwer, stabile Beziehungen zu Angehörigen, Freunden und Partnern aufzubauen. Trotz Ihrer Intelligenz dürfen Sie anderen nicht Ihre Meinung aufzwingen. In mittleren Jahren macht sich das Glück etwas rar.

15.00–17.00 Uhr: Affe

Sie geben das Geld ebenso schnell aus, wie Sie es verdienen. Sie haben eine große Anziehungskraft, aber Sie können auch Enttäuschungen bereiten. Vielleicht haben Sie von Ihren Eltern nicht genug Unterstützung erhalten. Ihre Partnerschaft ist in der Regel gut. Versuchen Sie, eventuelle Probleme möglichst schnell zu lösen.

17.00–19.00 Uhr: Hahn

Als Jugendlicher haben Sie oft Streit mit Ihrer Familie. Manchmal entsteht dadurch eine tiefe Kluft, die sich jedoch mit der Zeit sicher wieder schließen läßt. Sie sind zuverlässig, freundlich und warmherzig und würden nie absichtlich jemanden verletzen.

19.00–21.00 Uhr: Hund

Mit Ihrem Mut, Können und Fleiß sind Sie der ideale Freiberufler, und Sie werden vermutlich eine vielversprechende Karriere machen. Allerdings sollten Sie sich vor Ungeduld und Eitelkeit hüten. Lebensqualität wird Ihnen immer wichtiger sein als finanzielles Vermögen.

21.00–23.00 Uhr: Schwein

Ihre besondere Begabung liegt im Handwerklichen, und Sie stellen an sich selbst immer die höchsten Anforderungen. Trotz Ihrer Warmherzigkeit beschränkt sich Ihr Freundeskreis auf wenige Menschen. Wer Ihnen nahesteht, genießt jedoch Ihr uneingeschränktes Vertrauen. Sie sind leicht in Rage zu bringen, vergeben und vergessen aber auch schnell.

Ihr Schicksal im Lauf der Jahre

Nicht in jedem Jahr des Tierkreises geht es dem Büffel gleich gut. Sie sollten sich auf die positiven Aspekte konzentrieren und dem scheinbar Negativen mit Vorsicht begegnen.

Jahr der Ratte

Sie erwartet ein ständiges Auf und Ab. Im gesamten Jahresverlauf sind Sie anfällig für Krankheiten. Verzweifeln Sie nicht – es gibt auch manchen Lichtblick. Beruflich müßte sich im Jahr der Ratte einiges zu Ihrem Vorteil entwickeln.

Jahr des Büffels

Paradoxerweise ist das Jahr des Büffels nicht unbedingt ein gutes Jahr für Sie. Geschäftlich oder beruflich können Sie unter erheblichen Druck geraten und in Bereichen, in denen Sie sich Erfolg versprachen, eine Niederlage erleiden. Verlieren Sie aber nicht den Mut.

Jahr des Tigers

Das Familienleben steht im Jahr des Tigers unter einem günstigen Stern, insbesondere in Hinblick auf eine Heirat oder Kinder. Versuchen Sie Ihrer Familie in diesem hervorragenden Jahr genügend Zeit zu widmen.

Jahr des Hasen

Leider ist das Jahr des Hasen ausgesprochen unvorteilhaft für den Büffel. Nichts läuft reibungslos – Sie haben viele Schwierigkeiten zu meistern, und in Ihrer entfernteren Verwandtschaft scheinen sich gesundheitliche Schwierigkeiten zu häufen.

Jahr des Drachen

Obwohl Sie im Jahr des Drachen einem Berg von Problemen gegenüberstehen, sollten Sie nicht verzweifeln. Sie werden feststellen, daß sich alles lösen läßt, solange Sie Ruhe und Gelassenheit bewahren. Letztendlich entwickelt sich alles positiv.

Jahr der Schlange

Im Jahr der Schlange erwartet Sie einige Abwechslung. Gelegentlich ist Ihnen Erfolg beschieden, und es gibt Geld im Überfluß. Dann wieder müssen Sie gegen Fehlentscheidungen ankämpfen und geraten in Zwistigkeiten.

Jahr des Pferdes

In diesem Jahr empfiehlt es sich, Ihre Meinung für sich zu behalten und in aller Ruhe abzuwarten. Überstürzen Sie nichts, in welchem Lebensbereich auch immer, sondern gedulden Sie sich. Die Zeit bringt unweigerlich die Lösung aller Probleme.

Jahr der Ziege

Hüten Sie sich vor Menschen, die Sie ausnutzen oder gar betrügen wollen. Diese Vorsicht ist angebracht, denn im Jahr der Ziege fallen Sie leicht auf Leute herein, die Ihr Leben zerstören wollen. Beobachten Sie die Menschen, mit denen Sie zu tun haben, genau.

Jahr des Affen

Im Jahr des Affen rennt Ihnen der Erfolg buchstäblich nach – was Sie auch anfassen, verwandelt sich offenbar in Gold. Sie sollten Ihre scheinbar nicht enden wollende Erfolgssträhne im Familienkreis feiern und sich über dieses erfolgreiche Jahr freuen.

Jahr des Hahns

Auch wenn es Ihnen ungerecht vorkommt, könnten sich einige Freunde gegen Sie wenden. Daher erleben Sie das Jahr des Hahns als ausgesprochen schwierig und problematisch. Auch ein Karriereknick wäre möglich.

Jahr des Hundes

Das wird ein interessantes Jahr für Sie. Vermutlich reisen Sie viel, sind aber auch oft allein. Im Jahr des Hundes sind entscheidende Veränderungen vor allem in beruflicher Hinsicht zu erwarten; große Chancen sollten Sie nicht in den Wind schlagen.

Jahr des Schweins

Im Jahr des Schweins sollten Sie unbedingt Vorsicht und Zurückhaltung üben. Sie leben finanziell über Ihre Verhältnisse, weswegen Sie mit einzelnen Familienmitgliedern in ernsthafte Auseinandersetzungen geraten. Seien Sie ein bißchen sparsamer.

Ihr chinesisches Geburtsjahr

Ihr Tierkreiszeichen richtet sich nach Ihrem chinesischen Geburtsjahr. Dieses ist der wichtigste Schlüssel zum chinesischen Horoskop.

In der linken Spalte der Tabelle ist Ihr Geburtsjahr nach dem westlichen Kalender verzeichnet. In der rechten Spalte derselben Zeile finden Sie Ihr chinesisches Tierkreiszeichen. Achten Sie jedoch auf den Jahresbeginn in der mittleren Spalte der Tabelle, wenn Sie in den ersten Monaten des Jahres geboren sind.

Beispiel: Sie sind 1962 geboren, vermutlich also im Jahr des Tigers; liegt Ihr Geburtstag jedoch vor dem 5. Februar, gehören Sie in das Jahr des Büffels.

1900	31. Jan. – 18. Feb. 1901	Ratte
1901	19. Feb. – 7. Feb. 1902	Büffel
1902	8. Feb. – 28. Jan. 1903	Tiger
1903	29. Jan. – 15. Feb. 1904	Hase
1904	16. Feb. – 3. Feb. 1905	Drache
1905	4. Feb. – 24. Jan. 1906	Schlange
1906	25. Jan. – 12. Feb. 1907	Pferd
1907	13. Feb. – 1. Feb. 1908	Ziege
1908	2. Feb. – 21. Jan. 1909	Affe
1909	22. Jan. – 9. Feb. 1910	Hahn
1910	10. Feb. – 29. Jan. 1911	Hund
1911	30. Jan. – 17. Feb. 1912	Schwein
1912	18. Feb. – 5. Feb. 1913	Ratte
1913	6. Feb. – 25. Jan. 1914	Büffel
1914	26. Jan. – 13. Feb. 1915	Tiger
1915	14. Feb. – 2. Feb. 1916	Hase
1916	3. Feb. – 22. Jan. 1917	Drache

1917	23. Jan. – 10. Feb. 1918	Schlange
1918	11. Feb. – 31. Jan. 1919	Pferd
1919	1. Feb. – 19. Feb. 1920	Ziege
1920	20. Feb. – 7. Feb. 1921	Affe
1921	8. Feb. – 27. Jan. 1922	Hahn
1922	28. Jan. – 15. Feb. 1923	Hund
1923	16. Feb. – 4. Feb. 1924	Schwein
1924	5. Feb. – 23. Jan. 1925	Ratte
1925	24. Jan. – 12. Feb. 1926	Büffel
1926	13. Feb. – 1. Feb. 1927	Tiger
1927	2. Feb. – 22. Jan. 1928	Hase
1928	23. Jan. – 9. Feb. 1929	Drache
1929	10. Feb. – 29. Jan. 1930	Schlange
1930	30. Jan. – 16. Feb. 1931	Pferd
1931	17. Feb. – 5. Feb. 1932	Ziege
1932	6. Feb. – 25. Jan. 1933	Affe
1933	26. Jan. – 13. Feb. 1934	Hahn

1934	14. Feb. – 3. Feb. 1935	Hund
1935	4. Feb. – 23. Jan. 1936	Schwein
1936	24. Jan. – 10. Feb. 1937	Ratte
1937	11. Feb. – 30. Jan. 1938	Büffel
1938	31. Jan. – 18. Feb. 1939	Tiger
1939	19. Feb. – 7. Feb. 1940	Hase
1940	8. Feb. – 26. Jan. 1941	Drache
1941	27. Jan. – 14. Feb. 1942	Schlange
1942	15. Feb. – 4. Feb. 1943	Pferd
1943	5. Feb. – 24. Jan. 1944	Ziege
1944	24. Jan. – 12. Feb. 1945	Affe
1945	13. Feb. – 1. Feb. 1946	Hahn
1946	2. Feb. – 21. Jan. 1947	Hund
1947	22. Jan. – 9. Feb. 1948	Schwein
1948	10. Feb. – 28. Jan. 1949	Ratte
1949	29. Jan. – 16. Feb. 1950	Büffel
1950	17. Feb. – 5. Feb. 1951	Tiger
1951	6. Feb. – 26. Jan. 1952	Hase
1952	27. Jan. – 13. Feb. 1953	Drache
1953	14. Feb. – 2. Feb. 1954	Schlange
1954	3. Feb. – 23. Jan. 1955	Pferd
1955	24. Jan. – 11. Feb. 1956	Ziege
1956	12. Feb. – 30. Jan. 1957	Affe
1957	31. Jan. – 17. Feb. 1958	Hahn
1958	18. Feb. – 7. Feb. 1959	Hund
1959	8. Feb. – 27. Jan. 1960	Schwein
1960	28. Jan. – 14. Feb. 1961	Ratte
1961	15. Feb. – 4. Feb. 1962	Büffel
1962	5. Feb. – 24. Jan. 1963	Tiger
1963	25. Jan. – 12. Feb. 1964	Hase
1964	13. Feb. – 1. Feb. 1965	Drache
1965	2. Feb. – 20. Jan. 1966	Schlange
1966	21. Jan. – 8. Feb. 1967	Pferd
1967	9. Feb. – 29. Jan. 1968	Ziege
1968	30. Jan. – 16. Feb. 1969	Affe
1969	17. Feb. – 5. Feb. 1970	Hahn
1970	6. Feb. – 26. Jan. 1971	Hund

1971	27. Jan. – 14. Feb. 1972	Schwein
1972	15. Feb. – 2. Feb. 1973	Ratte
1973	3. Feb. – 22. Jan. 1974	Büffel
1974	23. Jan. – 10. Feb. 1975	Tiger
1975	11. Feb. – 30. Jan. 1976	Hase
1976	31. Jan. – 17. Feb. 1977	Drache
1977	18. Feb. – 6. Feb. 1978	Schlange
1978	7. Feb. – 27. Jan. 1979	Pferd
1979	28. Jan. – 15. Feb. 1980	Ziege
1980	16. Feb. – 4. Feb. 1981	Affe
1981	5. Feb. – 24. Jan. 1982	Hahn
1982	25. Jan. – 12. Feb. 1983	Hund
1983	13. Feb. – 1. Feb. 1984	Schwein
1984	2. Feb. – 19. Feb. 1985	Ratte
1985	20. Feb. – 8. Feb. 1986	Büffel
1986	9. Feb. – 28. Jan. 1987	Tiger
1987	29. Jan. – 16. Feb. 1988	Hase
1988	17. Feb. – 5. Feb. 1989	Drache
1989	6. Feb. – 26. Jan. 1990	Schlange
1990	27. Jan. – 14. Feb. 1991	Pferd
1991	15. Feb. – 3. Feb. 1992	Ziege
1992	4. Feb. – 22. Jan. 1993	Affe
1993	23. Jan. – 9. Feb. 1994	Hahn
1994	10. Feb. – 30. Jan. 1995	Hund
1995	31. Jan. – 18. Feb. 1996	Schwein
1996	19. Feb. – 6. Feb. 1997	Ratte
1997	7. Feb. – 27. Jan. 1998	Büffel
1998	28. Jan. – 15. Feb. 1999	Tiger
1999	16. Feb. – 4. Feb. 2000	Hase
2000	5. Feb. – 23. Jan. 2001	Drache
2001	24. Jan. – 11. Feb. 2002	Schlange
2002	12. Feb. – 31. Jan. 2003	Pferd
2003	1. Feb. – 21. Jan. 2004	Ziege
2004	22. Jan. – 8. Feb. 2005	Affe
2005	9. Feb. – 28. Jan. 2006	Hahn
2006	29. Jan. – 17. Feb. 2007	Hund
2007	18. Feb. – 6. Feb. 2008	Schwein